ARREST DE LA COVR DES MONNOYES

PORTANT DECRY DE TOVT cours & miſe des Eſpeces d'or & d'argent fabriquées en la Monnoye de Bourges, dont les figures ſont cy empraintes.

A PARIS,
Chez SEBASTIEN CRAMOISY, Imprimeur ordinaire du Roy, & de la Reyne, & de la Cour des Monnoyes.

M. DC. LIV.

Auec Priuilege de ſa Maieſté.

EXTRAICT DES REGISTRES de la Cour des Monnoyes.

SVR ce que l'Aduocat General du Roy a remonſtré à la Cour, que par ſon Arreſt du trentiéme Mars dernier, interuenu ſur le procez criminel fait à Thomas Moſnier cy-deuant Maiſtre & Fermier de la Monnoye de Bourges ; & ſes complices, accuſez & conuaincus du crime de faux, abus & maluerſations commiſes en l'exercice de ladite Monnoye de Bourges : il auroit entre autres choſes eſté ordonné que toutes les eſpeces, tant d'or que d'argent, fabriquées en ladite Monnoye és années mil ſix cens quarante-huit, mil ſix cens quarãte-neuf, mil ſix cens cinquante, mil ſix cens cinquante-vn, & mil ſix cens cinquante-deux, demeurerõt décriées de tout cours & miſe : enſemble toutes les eſpeces ayãt pour different de ville la lettre R, pour eſtre leſdites eſpeces portées en ladite Monnoye de Bourges, & y eſtre conuerties en autres eſpeces, ainſi qu'il eſt porté par ledit

Arreſt: & comme ledit Arreſt contient pluſieurs chefs, deſquels il n'eſt pas neceſſaire de faire la publication, mais de celuy concernant ledit décry ſeulement; ledit Aduocat General requiert eſtre ledit décry deſdites eſpeces ordonné par vn Arreſt ſeparé. LA COVR faiſant droict ſur le requiſitoire dudit Aduocat General, a conformément audit Arreſt du trente Mars dernier, décrié & décrie de tout cours & miſe toutes leſdites eſpeces, tant d'or que d'argent, fabriquées en ladite Monnoye de Bourges eſdites années mil ſix cens quarante-huict, mil ſix cens quarante-neuf, mil ſix cens cinquante, mil ſix cens cinquante-vn, & mil ſix cens cinquante-deux : comme auſſi toutes les eſpeces ayant pour different la lettre R. A ordonné & ordonne que toutes leſdites eſpeces ſeront portées dans l'Hoſtel de la Monnoye de ladite ville de Bourges, pour y eſtre conuerties en autres eſpeces du poids & titre porté par les Ordonnances : & que tous les biens deſdits Thomas, Iean & Fleury Moſnier, Dreuet Montilliet, & Biret, ſeront vendus & adiugez en la Cour, à la requeſte dudit Aduocat General, pourſuite & diligence de Maiſtre Philippe le Bret, Receueur general des amendes & confiſcations de la Cour, & le prix en prouenant mis és mains de celuy qui ſera nommé par la Cour, pour ſubuenir aux frais neceſſaires à la refonte, manque de fin & affinage deſdites eſpeces, qui ſeront faites en preſence des Commiſſaires à ce deputez, & le ſurplus ſi aucun y a, donné à qui il appartiendra : & en cas que les biens deſdits condamnez ne ſuffiſent, que les biens des cautions dudit Thomas Moſnier ſeront pareillement vendus & adiugez ; & cependant pour la ſeureté de l'intereſt du public, qu'ils ſeront ſaiſis. Et en outre a ladite Cour ordonné que le preſent Arreſt ſera publié à ſon de trompe & cry public en cette ville, & enuoyé aux autres principales villes du Royaume, pour y eſtre pareillement publié aux lieux & en la maniere en tel cas accoûtumez, à la diligence des Subſtituts du Procureur General, qui en certifieront la Cour : & qu'empraintes seront faites deſdites eſpeces, & imprimées auec le preſent Arreſt, à ce que leſdites eſpeces ſoient plus facilement reconnuës. Fait en la Cour des Monnoyes le vingt-troiſiéme

iéme Auril mil ſix cens cinquante quatre.

Signé, BOVLLE'.

Enſuiuent les figures des Eſpeces décriées par le preſent Arreſt.

ESPECES D'OR.

ESPECES D'ARGENT.

LVD·XIIII·D·G·FR·ET·NAV·REX

SIT·NOMEN·DOMINI·Y·BENEDICTVM·1648

LVD·XIIII·D·G·FR·ET·NAV·REX

SIT·NOMEN·DOMINI·Y·BENEDICTVM·1651

LVD·XIIII·D·G·FR·ET·NAV·REX

SIT·NOMEN·DOMINI·Y·BENEDICTVM·1652

L'AN *mil ſix cens cinquante-quatre, le Samedy neufiéme iour de May, l'Arreſt de la Cour des Monnoyes cy-*

dessus a esté leu & publié à son de Trompe, & cry public aux Carrefours & autres lieux, tant ordinaires qu'extraordinaires de cette ville & fauxbourgs de Paris, en la presence de Maistre Adrian Bassuel premier Huissier en la Cour des Monnoyes, Michel Rebours, & Claude Blondel aussi Huissiers en ladite Cour soussignez, par Charles Canto Iuré Crieur en ladite ville Preuosté & Vicomté de Paris, accompagné de trois Trompettes, Iean du Bos, Iacques le Frain, & Estienne Chappes dit la Chapelle, Iurez Trompettes de sa Maiesté esdits lieux : Comme aussi a esté ledit Arrest affiché en tous les lieux accoustumez de ladite ville

& faux-bourgs de Paris, à ce qu'aucun n'en pretende cause d'ignorance.

Signé, CANTO, BASSVEL, REBOVRS, & BLONDEL.

Collationné à l'Original par moy Conseiller & Secretaire du Roy, Maison & Couronne de France, & de ses Finances, Greffier en chef de la Cour des Monnoyes.

www.ingramcontent.com/pod-product-compliance
Lightning Source LLC
LaVergne TN
LVHW012017170826
845678LV00004BA/1528

* 9 7 8 2 3 2 9 6 1 8 4 8 7 *